BEI GRIN MACHT SICH IHR
WISSEN BEZAHLT

- Wir veröffentlichen Ihre Hausarbeit,
  Bachelor- und Masterarbeit

- Ihr eigenes eBook und Buch -
  weltweit in allen wichtigen Shops

- Verdienen Sie an jedem Verkauf

Jetzt bei www.GRIN.com hochladen
und kostenlos publizieren

Bibliografische Information der Deutschen Nationalbibliothek:

Die Deutsche Bibliothek verzeichnet diese Publikation in der Deutschen National-
bibliografie; detaillierte bibliografische Daten sind im Internet über http://dnb.d-
nb.de/ abrufbar.

Impressum:

Copyright © 2011 GRIN Verlag
Druck und Bindung: Books on Demand GmbH, Norderstedt Germany
ISBN: 9783668672628

Dieses Buch bei GRIN:

https://www.grin.com/document/416268

Anna Kuhlmann

**Handout zur Nominalphrase aus dem Seminar "Wort-
stellung im Deutschen"**

GRIN Verlag

GRIN - Your knowledge has value

Der GRIN Verlag publiziert seit 1998 wissenschaftliche Arbeiten von Studenten, Hochschullehrern und anderen Akademikern als eBook und gedrucktes Buch. Die Verlagswebsite www.grin.com ist die ideale Plattform zur Veröffentlichung von Hausarbeiten, Abschlussarbeiten, wissenschaftlichen Aufsätzen, Dissertationen und Fachbüchern.

Besuchen Sie uns im Internet:

http://www.grin.com/

http://www.facebook.com/grincom

http://www.twitter.com/grin_com

Die Nominalphrase

1. Grammatische Diskussion der Nominalklammer

Die prototypische Nominalgruppe

Beinhaltet: Artikel, Adjektivisches Attribut, Kernsubstantiv, Genitivattribut, Präpositionalattribut und satzförmiges Attribut.

(1)   [Ein]   [neues]   [Buch]   [dieses Autors]   [mit vielen Bildern], [dass uns erstaunt]

      | | | | | |

   ART   ADJ   **SBST**   GEN   PrGR   AttrS

Annahme einer Nominalklammer

Die Bestandteile der Nominalklammer sind prototypisch:

      Der Artikel als Kopf(*)das Substantiv als Kern*

        Links   Rechts

1.1 Nominalklammer und Verbalklammer im Vergleich

Vergleichsgröße sei die Verbalklammer aus finiter und infiniter Verbform:

(2)

Sie	ist	nach Hause	gegangen
Vorfeld	Linke Klammer	Mittelfeld	Rechte Klammer

Finite und Infinite Verbform in der Verbalklammer sind stets adjazent, was aber bei Artikel und Substantiv nicht immer der Fall sein muss.

Die infinite Verbform ist statusregiert von der finiten Verbform, umgekehrt kann die finite Verbform regiert sein bezüglich der Wahl zwischen **sein** und **haben** im Perfekt.
Derartige Bindungen gibt es zwischen Artikel und Substantiv nicht.

1.2 Kongruenz- und Rektionsbindungen

1.2.1 Kongruenzbindung in Kasus und Numerus

→ Kongruenzbindungen zwischen Artikel und Kern schließen Adjektive mit ein – sichtbar bei schwachen Artikeln. Daher keine Klammerbildung!

(3)   *der blaue Himmel*
(4)   *ein blauer Himmel*

In (4) erstreckt sich die Kongruenz nicht mehr auf den Artikel, sondern auf das Adjektiv, also würde dort die Klammer beginnen.

1.2.2 Rektionsbindung im Genus

→ Diese Rektion besteht ebenso mit adjektivischem Attribut, außerdem wird sie auf das Adjektiv allein übertragen, wenn kein Artikel vorliegt.

(5)   *kalte Milch*

Betrachtet man stark flektierende Artikel wie *dieser, diese, dieses,* dann zeigt sich ein

Klammereffekt beim Genus am ehesten, da ein Adjektiv in dem Fall im Genus unveränderlich ist:

(6)   *dieser kalte Wein, diese kalte Milch, dieses kalte Bier*

Streng genommen besteht eine Klammer in diesem Fall allerdings zwischen Artikel und Adjektiv, sofern eines vorhanden ist; eingeklammert werden Ergänzungen oder Adverbiale zum Adjektiv.

(7)   **die** *hier im Augenblick* **wichtige** *Frage*

Nimmt man eine Klammer zwischen Artikel und Substantiv an, ist sie in der Regel leer.

1.3 Problem der Mehrfachbesetzung

Die Position des Artikels kann doppelt besetzt sein. Dies könnte ein Hinweis darauf sein, dass der Klammereffekt nicht konstitutiv ist für die Struktur der Ngr ist.

(8)   **mancher solcher** *untauglicher* **Versuch**

1.4 Der sächsische Genitiv

➔ Im Kasus vom Kern regiert, Position im Satz aber variabel: Kann Position des Artikels einnehmen, oder Distanzstellung
➔ Bei Distanzstellung: Artikel vorn, starke Flektion des Adjektivs

(9)   *Pauls größtes Vergnügen*

In diesem Fall sind die Merkmale der klammeröffnenden Position (Stellung, Flektion) nicht mehr eindeutig verteilt.

1.5 Klammerfreie Konstruktionen

Ein Satz ist frei von einer Verbalklammer, wenn eine einfache Verbform an zweiter Stelle steht. Die einfache Verbform enthält den Verbstamm und ist finit.
Ist eine Verbalklammer vorhanden, ist die Finitheit vom Verbstamm getrennt und auf das Hilfsverb übertragen:

(10)   *Paula* **sieht** *Egon*
(11)   *Paula* **hat** *Egon* **gesehen**

In der Nominalgruppe, wie bereits erläutert, nimmt der Artikel die klammeröffnende Position ein, die das Hilfsverb in Satz (11) hat. Eine klammerfreie Nominalgruppe liegt demnach vor, wenn kein Artikel vorhanden ist.

(12)   **die** *kalte* **Milch**
(13)   *kalte* **Milch**

➔ Kein Unterschied im Kern zwischen (12) und (13).

Es existieren verschiedene Klammereffekte in der Nominalgruppe. Insgesamt hat die Nominalklammer aber nicht den Status, den die Verbalklammer im Satz hat.

2. Stellungsregularitäten in der Nominalphrase

Aufgrund der Unklarheiten bezüglich der Klammerbildung - und der Einfachheit halber - wird im Folgenden auf ein modifiziertes Modell zurückgegriffen.
Beschreibung der Nominalphrase in Anlehnung an die Beschreibung der Satzgliedstellung nach Zifonun:

Vorfeld	Substantiv als Kern der Phrase	Nachfeld

Abfolgeschema

nomen varians nomen invarians		Subjekt	Genitivphrase	Präpositional-phrase	Adv	NS	APP
Pränom. Genitiv Determinative	Adjektiv-phrase		nomen varians nomen invarians	*als*-Phrase			

Erklärungen: nomen invarians (14), nomen varians (15)

(14)   *Helga Meier*
(15)   *Kollegen Müller*

Pränominaler Genitiv: Der Artikel zum Kopfnomen bleibt weg.

(16)   *Helmuts neues Pferd*

2.1 Elemente mit prototypischer Vorfeldstellung

2.1.1 Determinativa

Sie treten außer bei Namen, Substanz- und Plural- Nominalphrasen in jeder NP auf und stehen vor dem Substantiv.

(17)   **Die** *alten Ägypter*
(17a)   **Eine** *haarige Angelegenheit*

Ausnahme: Possessivdeterminative können unflektiert im Nachfeld erscheinen.

(18)   *Kindlein* **mein**
(19)   *Vater* **unser**

2.1.2 Adjektivattribute

Modifizierende Adjektive stehen vor dem Substantiv und werden im Normalfall flektiert. Sie korrespondieren in Genus, Kasus und Numerus mit dem Substantiv. Je nach Artikel schwache (20) oder starke Flektion (21).

(20)   *Das* **schäumende** *Bier*
(21)   *Ein* **großer** *Schritt*

Zahladjektive stehen immer vor dem Substantiv.

(22)   *Uli hat* **zwei Viertel** *Rotwein getrunkem*n.

Ausnahme 1: Fälle in denen Adjektive im Vorfeld unflektiert bleiben können.

- Adjektive auf –isch in Typen und Sortenbezeichnungen mit substanzdenotierenden Nomina

(23) **Kölnisch** *Wasser*

- *Ganz* und *halb* vor geographischen Namen oder als Determinativ

(23a) **Ganz** *Deutschland im Fußballfieber*

- Feste Wendungen

(23b) **Gut** *Ding will Weile haben*

- Adjektive vor Personennamen

(23c) **Jung** *Siegfried*

Ausnahme 2: Unflektierte Adjektive, die im Nachfeld stehen können

- Überreste alten Sprachgebrauchs

(24) *Schau doch nur, geliebter Schorsch, dies Gemäuer **alt** und **morsch***

- eingeleitete Adjektivphrasen, die oft ein Vergleichselement aufweisen z.B. eine durch *wie* eingeleitete Phrase oder einen *dass*-Satz

(24a) *Es war eine Baupleite, **so katastrophal** wie nie zuvor...*

- Durch Kommata abgetrennte appositive Erweiterungen

(24b) *Es war ein Sonntag, hell und klar, ein Sonntag wirklich **wunderbar***

- Adjektive in Markenbezeichnungen

(24c) **Super bleifrei**

2.2 Elemente mit prototypischer Nachfeldstellung

Nach Zifonun stehen prototypisch im Nachfeld: Präpositionalphrasen, Adverbien, Relativsätze, satzförmige Komplemente und Infinitive, Substanz- und Pluralausdrücke in Numerativkonstruktionen sowie Appositionen und Erweiterungsnomina.

Distanzstellung: Bei Elementen mit prototypischer Nachfeldstellung kann die NP aufgespalten werden; dann liegt Distanzstellung vor (Gegenteil von Kontaktstellung; zwei inhaltlich zusammenhängende Satzteile oder zwei Teile eines Satzteils sind durch ihre Stellung voneinander getrennt). Hier ein Beispiel bei Zahladjektiven:

(25) *Helmut besitzt **zwei Saxophone**.* (Kontaktstellung)
(26) ***Saxophone** besitzt Helmut **zwei**.* (Distanzstellung)

2.2.1 Präpositionalphrasen

Präpositionale Komplemente:

(27) *Interesse **an der Grammatik***
(28) ***Zu diesem Problem** gibt es verschiedene Meinungen.* (Distanzstellung)

Ist das Kernsubstantiv Teil eines Nominalisierungsverbgefüges (29), ist Distanzstellung möglich; bei Komplementen von Vollverben (30) oder Kopulaverben (31) nicht.

(29)   *Mit der Universität stehen wir in Verbindungen.*
(30)   **Vor ihrer kaiserlichen Majestät erlernt er Respekt.*
(31)   **Vor ihrer kaiserlichen Majestät ist/bleibt/wird der schuldige Respekt wichtig.*

Präpositionale Supplemente:

(32)   *ein Bursche **von unendlichem Humor***

Lokale und temporale PP können vor dem Substantiv stehend eine restriktive Interpretation erzwingen (33). Bei Voranstellung liegt stets ein weiter Skopus über die NP vor (34), bei Nachstellung kann der Skopus sowohl eng (35) als auch weit (36) sein.

(33)   ***In Mannheim** die Aufführung war ein Erfolg.*
(34)   ***in Mannheim** [die Diskussion über das Theater]*
(35)   *die Diskussion über das [Theater **in Mannheim**]*
(36)   *die [Diskussion über das Theater **in Mannheim**]*

Distanzstellung von präpositionalen Supplementen ist nicht möglich (38); *von*-Phrasen können eine Ausnahme bilden (39).

(38)   ****Von unendlichem Humor** kenne ich einen Burschen.*
(39)   ***Von Kujau** hängen einige Bilder in der Galerie.*

2.2.2 Adverbien

Adverbien stehen i.d.R. hinter dem Kernsubstantiv (40), können aber davor stehend eine restriktive Interpretation erzwingen (41). Bei Voranstellung (insbesondere im Mündlichen vorhanden) erhält man hier ebenfalls einen weiten Skopus (42), bei Nachstellung ist der Skopus variabler (43).

(40)   *Das Konzert **gestern** war gut.*
(41)   ***Dort** die Aufführung war ein Triumpf.*
(42)   ***heute** [die Diskussion über die Rolle des Schiedsrichters]*
(43)   *die Diskussion über die Rolle des Schiedsrichters **heute***

2.2.3 Relativsätze

Relativsätze stehen im Nachfeld; Distanzsellung ist möglich (45).

(44)   *Schillers Räuber, **die in Mannheim aufgeführt wurden***
(45)   *Sie hat das Buch geschenkt, **das er schon lange lesen wollte**.*

2.2.4 Satzförmige Komplemente und Infinitive

Auch satzförmige Komplemente (46) und Infinitive (47) stehen im Nachfeld.

(46)   *die Meinung des Ministers, **dass der Etat ausgeglichen sei***
(47)   *die Befürchtung, **einem Trugschluss aufgesessen zu sein***

2.2.5 Substanz- und Pluralausdrücke in Numerativkonstruktionen

Sie stehen i.d.R. nach dem Maßsubstantiv; Distanzstellung ist möglich (49).

(48)   *ein Liter **bayrisches Bier***
(49)   ***Rotwein** hatten wir drei Viertele.*

2.2.6 Appositionen und Erweiterungsnomina

Appositionen sind immer nachgestellt (50), Erweiterungsnomina sind nachgestellt, wenn sie unflektiert (als nomen invarians) sind (51). Flektierte Erweiterungsnomina (als nomen varians) können vorangestellt sein (52).

(50)   *Der Mann aus Frankfurt, **mein Freund und Lehrer***
(51)   *des Monats **August***
(52)   ***Paul** Grüningers Erfolg*

2.3 Elemente mit variabler Stellung

→ Stellungsvariable Elemente sind in erster Linie Genitivattribute. Sie können sowohl vor- (53) als auch nachgestellt (54) auftreten (insbesonderer in der gesprochenen Sprache).

(53)   ***Amerikas** Entdeckung*

(54)   *Die Entdeckung Amerikas*

3. Mehrfachbesetzungen

3.1 Determinativa

- Unflektiertes manch oder solch mit unbestimmtem Artikel
(55)   ***Manch ein** Land*
- Deiktisches Determinativ mit nachfolgendem Possessivdeterminativ
(56)   ***Dieser mein** Freund*

3.2 Adjektivattribute

Die Position des adjektivischen Attributes in der prototypischen Nominalgruppe kann mehrfach besetzt sein, wenn:
- das Adjektiv zur Adjektivgruppe erweitert ist
- eine Häufung von Adjektiven geschieht (prinzipiell unbegrenzt)
Bei einer Häufung von Adjektiven ist die Konstituentenhierarchie innerhalb der gesamten Nominalgruppe umstritten.

Zwei Adjektive

Grundlegend gibt es hier drei Möglichkeiten der Betrachtungsweise:

(57)   *der [schöne [gelbe Stuhl]]*
(57b)   *der [gelbe Stuhl]*

→ Keine Klammerbildung, sondern Verbindung zwischen 2. Adjektiv und Kern

(58)	*der [schöne] [gelbe] Stuhl*
(59)	*der [schöne gelbe] Stuhl*

➜ Klammerbildung aus Artikel und Substantiv, Adjektiv syntaktisch unabhängig, daher Tendenz zu Variante (58)

➜ Ein weiteres Merkmal, in dem sich die Konstruktion unterscheiden, ist die Nähe der Adjektive zum Kern. In (57) steht ein Adjektiv näher am Kern als das andere, in (58) und (59) sind sie koordiniert.

3.2.1 Koordinierte Adjektivattribute

Koordiniert bedeutet in diesem Fall, dass beide Adjektive semantisch unmittelbar auf den Kern bezogen sind. Daraus ergibt sich, dass

➜ die Reihenfolge sowohl für die Bedeutung als auch für die grammatische Form des Satzes keinerlei Bedeutung hat (60a,60b)

➜ eine Koordination mit **und** ebenso möglich ist (61a,61b).

(60a)	*der neue gelbe Stuhl*
(60b)	*der gelbe neue Stuhl*
(61a)	*der neue und gelbe Stuhl*
(61b)	*der gelbe und neue Stuhl*

➜ In diesen Beispielen trifft oben genanntes zu, in folgenden Beispielen aber nicht:

(62a)	*das neue technische Konzept*
(62b)	*das technische neue Konzept*
(62c)	*das neue und technische Konzept*
(62d)	*das technische und neue Konzept*

➜ Dass die Abfolge 62a unmarkiert ist, beweist die Möglichkeit der Akzentuierung. Der Akzent kann problemlos auf beiden Adjektiven liegen.

➜ In 62b hingegen besteht eine deutlich höhere Akzeptanz, wenn der Akzent auf dem ersten Adjektiv liegt.

Die Betrachtung der möglichen Kommasetzung kommt zum gleichen Ergebnis:

➜ 62a ist mit und ohne Komma gleich akzeptabel (**das neue, technische Konzept**)

➜ 62b mit Komma akzeptabler als ohne (**das technische, neue Konzept**)

➜ Zusammenhang zwischen Koordination und starker Flektion des Adjektivs vgl. (63a) und (63b)

(63a)	*mit neuem, technischem Konzept*
(63b)	*mit neuem technischen Konzept*

Während bei koordinierten Konstruktionen die Abfolge keine wirkliche Rolle spielt, stellt sich die Frage, welche Regularitäten es bei der unkoordinierten Konstruktion gibt.

3.2.2 Unkoordinierte Adjektivattribute - Abfolgeregularitäten

➔ Die Idee einer unkoordinierten Konstruktion geht davon aus, dass mehrere Adjektive nicht frei verschiebbar sind, ohne dass sich der Satz in seiner Akzeptanz oder auf semantischer und grammatischer Ebene verändert.

Daraus ergibt sich die Einteilung der Adjektive in verschiedene Kategorien.
Eisenberg geht von den Adjektivkategorien der Dudengrammatik aus. Diese sind:

➔ Zahladjektive
➔ Adjektive, die eine zeitliche oder räumliche Lage angeben
➔ qualitative und Farbadjektive
➔ Adjektive der stofflichen Beschaffenheit oder Herkunft

Diese treten jeweils von links nach rechts auf. Eine Nominalgruppe, in der jede Gruppe vorkommt, könnte so aussehen:

(64)   die andere obengenannte alte eiserne Lampe
Diese Abfolge passt auch zum ersten Behaghelschen Gesetz, demzufolge **„das geistig eng Zusammengehörige auch eng zusammengestellt wird"** (Behaghel 1932: 4).

➔ Die Grundidee ist, dass das Kernsubstantiv mit dem nächststehenden Adjektiv einen festen Begriff bildet, dieser Begriff wiederum vom nächsten Adjektiv näher bestimmt wird etc.

(65)   die [andere [obengenannte [alte [eiserne Lampe]]]]

Diese Abfolgeregularität ist allerdings nicht für jedes Substantiv dieselbe – folgt man dem Behaghelschen Gesetz, ist diese Annahme berechtigt, denn „geistig eng zusammengehörig" muss nicht für jede Substantiv-Adjektiv-Verbindung das selbe bedeuten.

Gibt es also eine universelle, vom Substantiv unabhängige Abfolge?

Betrachtet man an dieser Stelle nicht den Adjektivbereich allein, sondern den gesamten Vorfeldbereich der Nominalgruppe, ergeben sich weitere mögliche Aussagen über die Adjektivkategorien.

➔ Die Zahladjektive sind semantisch und formal den Artikelwörtern am ähnlichsten.
➔ In der Mitte des Adjektivbereichs stehen die eigentlichen Eigenschaftswörter.
➔ Von den drei übrigen Gruppen 2,3,4 können nur die der mittleren, dritten Gruppe der qualitativen und Farbadjektive, prädikativ gebraucht werden. Auch die Komparierbarkeit ist bei dieser Gruppe durchgängig möglich, bei den anderen nur sehr begrenzt. Hier stehen also eher prototypische Adjektive.

Am rechten Rand des Adjektivbereiches stehen die Adjektive der vierten Gruppe, die häufig von Substantiven abgeleitet sind, also Materialbezeichnungen (bleiern, eisern) und Derivate auf -ig, -lich und -isch.

Diese Überlegungen führen zu folgender Schlussfolgerung:
Während in der Nominalgruppe die Abfolge
➔ *Artikel-Adjektiv-Substantiv*

festgelegt ist, findet sich in der Adjektivgruppe die vergleichbare Abfolge
➔ *Artikelverwandte Adjektive – prototypische Adjektive – substantivverwandte Adjektive*

Die Bindung substantivischer Bestandteile an das Substantiv der Nominalgruppe lässt sich zusätzlich erweitern, wenn man Determinativkomposita betrachtet, denen ein substantivverwandtes Adjektiv vorangestellt und ein, ebenfalls substantivisches, Genitivattribut, direkt rechts ansetzt:

(66)   *der wissenschaftliche Führungsanspruch der Industrie*

Diese Beobachtungen deuten also darauf hin, dass es innerhalb der Nominalgruppe die Tendenz gibt, kategorial gleiche Konstituenten auch räumlich zusammenzurücken.

3.3 Mehrfache nachgestellte Präpositionalattribute

Bei nachgestellten Präpositionalattributen ist Mehrfachstellung möglich- Ihre Abfolge ist von mehreren Faktoren abhängig.

➔ Valenzgebundene Attribute stehen näher am Kernsubstantiv
➔ Vermeidung von Ambiguitäten: Je weiter rechts es steht, desto mehr Lesungen möglich

(67)   *Der Hinweis auf Importe von Stahl **aus Schweden***

➔ Präpositionalattribute mit **von** haben ausdrückliche Nähe zum Kern

4. Die Nominalklammer im gesprochenen Deutsch

4.1 Vorbemerkungen

- neuhochdeutsche Standardsprache bewirkt Verwunderungen bei Topologen aufgrund
  - komplizierter und relativ konservativen Nominalflexion
  - Wortfolge mit dem Nebeneinander von OV- und VO-Konstruktionen und Satzklammern
- These: diese Erscheinungen sind nicht zufällig, sondern sind Auswirkungen desselben performanzorientierten Prinzips (Gebrauch in der sprachl. Äußerung), welches als klammerndes Verfahren bezeichnet wird.
- klammerndes Verfahren = bestimmte Bestandteile eines Satzes werden so von zwei Grenzsignalen umschlossen, dass der Hörer aus dem Auftreten des ersten Signals darauf schließen kann, dass der betreffende Bestandteil erst dann beendet sein wird, wenn das zweite passende Signal in der Sprachkette erscheint

➔ es dient dazu, den Hörer bei der syntaktischen Dekodierung zu unterstützen

- um diesen Zweck zu erfüllen, …
  1. müssen beide Signale nicht unbedingt in einer engen strukturellen Beziehung zueinander stehen
  2. vorhandene strukturelle Beziehungen zwischen den Signalen können ggf. von sehr unterschiedlicher Art sein
  3. ein und dieselbe strukturelle Beziehung zwischen zwei Signalen kann unterschiedlich interpretiert werden

➔ für das Funktionieren des klammerndes Verfahrens in der Performanz spielen Unterschiede keine Rolle

➔ **wesentliches Argument für die topologische Relevanz des klammernden Verfahrens als ein performanzorientiertes Prinzip im Deutschen besteht darin, dass es durch so viele strukturell verschiedene und verschieden interpretierbare Konstruktionen realisiert wird**

4.2 Flexion der Nominalphrase

- dominierender Flexionstyp der deutschen mehrgliedrigen NP:
  1. Erstes Wort: Determinans oder Adjektiv, flektiert pronominal, ist aber mehrdeutig
  2. Zweites Wort: Substantiv, mit Genus und Markierung von Numerus und Kasus löst es eventuelle Ambiguitäten auf, indem es nur in einer der Möglichkeiten mit Determinans oder Adjektiv übereinstimmt

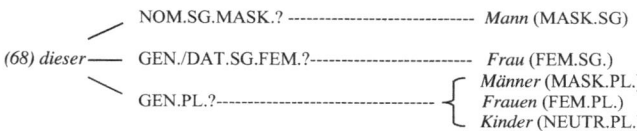

```
              NOM.SG.MASK.? ------------------------------ Mann (MASK.SG)
        ⟋
(68) dieser——  GEN./DAT.SG.FEM.?--------------------------- Frau (FEM.SG.)
        ⟍                                           ⎧ Männer (MASK.PL.)
              GEN.PL.?----------------------------------- ⎨ Frauen (FEM.PL.)
                                                    ⎩ Kinder (NEUTR.PL.)
```

➔ Flexion im Deutschen besteht immer aus zwei sich gegenseitig stützenden Elementen, manchmal tritt noch eine schwache Adjektivflexion hinzu

(69)   *dies-er gut-en Männer/Frauen/Kinder*

- Funktion bei der Unterscheidung zwischen flektierter und unflektierter Form ist eine syntaktische: durch pronominale Flexion signalisiert der Sprecher dem Hörer, dass er soeben eine NP eröffnet hat und dass diese frühestens abgeschlossen ist, wenn das Substantiv erscheint, dass zur pronominal flektierten Form in Kasus, Numerus und Genus übereinstimmt
➔ Flexive der pronominalen- und der Substantivflexion wirken als Grenzsignale des klammernden Verfahrens

- möglicher Einwand: Zum Funktionieren der Nominalklammer sei keine Flexion nötig, da Grenzen der NP auch an den Wortarten abzulesen seien, z.B. Determinans und Substantiv

(70)   *das gute Buch*
(71)   *the good book* (englisches Äquivalent, dass ganz ohne Flexion auskommt)

- Einwand wäre nur berechtigt, wenn…
  a. im Deutschen tatsächlichen jede NP durch ein Determinans eingeleitet werden würde
  b. das erste Substantiv einer NP auch notwendigerweise der Kern wäre

➔ im Deutschen nicht der Fall: es gibt artikellose Nominalphrasentypen, die keine Klammer aufweisen würden, wenn das klammeröffnende Element nur durch die Wortart Determinans definiert wäre

(72)   *gute Bücher* (indefinit im Plural)

→ weiterhin müssen im Deutschen alle Erweiterungen von attributiven Adjektiven oder Partizipien in die Nominalklammer eingeschlossen werden und ihrem Bezugswort dabei vorausgehen

(73)   dieses Ausländern nur schwer vermittelbare System
       |_____|

4.3 Wortfolge innerhalb der Nominalphrase

- Typologisches Problem: innerhalb der NP gehen zwar Determinans und attributive Adjektive dem Bezugssubstantiv voraus, aber präpositionale Attribute, Genitivattribute und Relativsätze folgen nach

(74)   das große Haus <u>aber</u> das Haus des Vater, das Haus am Weg

- nach dem typologischen Gesetz der konsistenten Reihenfolge von bestimmenden und bestimmten Elementen in der Syntax sollte dies aber nicht der Fall sein, entweder sollten alle Attribute dem Substantiv vorangehen oder alle folgen
→ Beispiel Relativsatz: Nachstellung ist unabhängig von der Stellung der anderen Attribute die Regel, da Voranstellung drei schwerwiegende Nachteile bringt:
   o 1. Relativpronomen wird vom Bezugswort getrennt
   o 2. es wäre kataphorisch, während die deutschen Pronomina normalerweise anaphorisch verwendet werden
   o 3. Relativsätze können sehr lange Konstituenten sein; durch Aufnahme in die Nominalklammer kann diese leicht überdehnt werden

Attributstellung in der NP:

   o diejenigen Attribute werden nachgestellt, die sich nicht zur Konstruktion einer Nominalklammer eignen, weil sie kein flektierbares Element enthalten, das mit dem Kern der NP kongruieren kann
   o diejenigen Attribute, die mit dem Kern kongruieren und deshalb zur Konstruktion einer Nominalklammer verwendet werden können, werden zweckmäßigerweise vorangestellt

→ Grund: Klammer soll Dekodierungshilfe für den Hörer sein, der sich auf das Erscheinen von klammerschließenden Elementen verlassen können muss. Sonst wäre die durch das klammereröffnende Element erzeugte Erwartungshaltung irreführend
→ obligatorischste Element der ganzen Konstituente sollte die Klammer schließen, bei komplexen NP also das Substantiv → wenn Hörer ein pronominal flektiertes Wort hört, kann er sich fast immer sicher sein, dass ein passendes Substantiv folgt, aber nicht umgekehrt

- Nachstellen der Attribute im Deutschen ist eine Default-Lösung = Nachstellen der Attribute tritt ein, wenn es keine Möglichkeit zur Klammerbildung gibt.
- Übereinstimmung mit Tendenz zur VO-Folge in vielen indogermanischen Sprachen

- Unterschied besteht jedoch darin, dass vorangestellte Attribute, also OV-typische Folge, in heutiger Form nicht als Relikt eines früheren Sprachzustandes und auch nicht als eine unbegründete Inkonsistenz angesehen werden → vielmehr wird hier die OV-Folge als Resultat einer sehr konsistenten Entscheidung im Konflikt zwischen zwei innerhalb der NP unvereinbaren Tendenzen betrachtet:
  - (1) Klammerbildung
  - (2) VO-Folge

→ Gewinnerin ist fast immer die Klammerbildung und damit die OV-Folge, nur wenn das vorhandene sprachliche Material keine Klammer ermöglicht, tritt VO-Folge ein

4.4 Vergleich mit der Wortfolge im Satz

- dasselbe Verhältnis der NP gilt für das Nebeneinander von OV- und VO-Stellung beim Verb: beide Stellungen sind erst im Laufe der Zeit verallgemeinert und fixiert worden
- Zusammenhang zwischen beiden Erscheinung: OV-Stellung tritt nur in Klammern auf, also immer dann, wenn einem Verb (oder einem prädikativen Adjektiv) seine Ergänzungen bzw. Bestimmungen vorausgehen, steht vor diesen noch ein Element, das mit dem Verb eine Klammer bildet

(75)   ..., wenn ich ihm das Buch gebe.

→ bei einer Satzart, deren Funktion darin besteht, als Konstituente von größeren Sätzen zu dienen, ist die Markierung ihrer Grenzen besonders wichtig → als Grenzsignal dienen wie bei der Nominalklammer die zwei obligatorischsten Element der ganzen Konstruktion: unterordnende Konjunktion und finites Verb
- im Aussagesatz ist Markierung nicht so wichtig wie im Nebensatz: hier kann finites Verb zur Bezeichnung der Grenze zwischen den beiden durch ihre kommunikative Funktion definierten Konstituenten dienen (Mittelfeld und Vorfeld)
→ ergibt für Hörer wiederum einen Klammereffekt: in Aussagesätzen weiß er, dass der kommunikative Ausgangspunkt bzw. bei spezieller Intonation der Fokus erst abgeschlossen ist, wenn das finite Verb erscheint; die Eröffnung der Vorfeldklammer ist durch Satzgrenze gegeben
- steht im Vorfeld nicht das Subjekt, sondern eine Ergänzung oder Bestimmung des Verbs, so ergibt sich OV-Stellung

(76)   Ihm gebe ich das Buch.

- Mittelfeld wird bei mehrgliedrigem Verbalkomplex durch Finitum und dazugehöriges Infinitum eingeklammert, in Bezug auf Infinitum entsteht so OV-Stellung:

(77)   Ich habe ihm das Buch gegeben.

- ist keine Klammerbildung möglich → VO-Stellung, z.B. bei einteiligem Verbalkomplex im Hauptsatz oder beim Fehlen einer Konjunktion im uneingeleiteten Nebensatz

12

(78)   *Gäbe ich ihm ein Buch,...*

- auch wenn Klammerbildung mit VO-Stellung vereinbar ist, weil das Verb nicht als klammerschließendes Element benötigt wird → VO-Stellung

(79)   *Ich händige ihm das Buch aus.*
         |_____|

→ auch bei verbalen Konstruktionen ist die VO-Folge eine Default-Lösung: wird dann gewählt, wenn die Möglichkeit zur Klammerbildung nicht OV-Stellung erfordert
- Default-Lösung nicht zu verwechseln mit unmarkierter Folge: VO-Konstruktionen können als Resultat von Ausklammerungen nach rechts stark markiert sein (Mittelfeldentleerung)
- Mehr als zwei Drittel der gesprochenen Sätze weisen verbale Klammerstrukturen auf, in denen die Sprecher von vornherein ihre Sätze so konstruieren, dass die Klammer weder ihr Kurzzeitgedächtnis, noch das ihres Gegenübers überfordern
→ optimale Klammerlänge sollte inklusive der Ränder nicht mehr als fünf bis acht Wörter enthalten, damit die Klammer eine Hilfe bei der Dekodierung ist und kein Hindernis
→ gerade in diesem Umfang bewegen sich typischerweise die Sätze, bei denen Ausklammerung (Mittelfeldentleerung) ungrammatisch ist

(80)   *Ich habe ihm das Buch trotzdem gegeben.*
         |_____|

- Erläuterung: ersetzt man *trotzdem* durch *trotz seiner notorischen Unzuverlässlichkeit*, ist Ausklammern möglich, aber Satz wirkt dann nicht umgangssprachlich-spontan

4.5 Das klammernde Verfahren in der immanenten Typologie des Deutschen

- immanente Typologie = Suche nach übergeordneten Prinzipien der Grammatik, die verschiedene Eigenheiten der Einzelsprache funktionell aufeinander beziehen
- Flexion der NP und bestimmter Wortstellungsregeln sind Auswirkungen desselben performanzorientierten Prinzips, d.h. des klammernden Verfahrens
→ klammerndes Verfahren stellt das in einen funktionellen Zusammenhang, was ohne dieses als Nebeneinander ziemlich ungewöhnlicher und scheinbar sinnloser Eigenheiten im Deutschen erscheinen würde
- Es wirkt auch in anderen Bereichen der deutschen Grammatik, z.B. der Morphologie

(81)   *ge-spiel-t* (doppelte Markierung des Partizip Perfekts)

→ auch heute im Gegenwartsdeutschen hat klammerndes Verfahren große Relevanz in verschiedenen Fällen:
   o Trennung der sog. Pronominaladverbien

(82)   *Davon weiß ich nichts.* → *Da weiß ich nichts von.*

   o Zunahme von trennbaren Verben in der Jugendsprache

(83)   *annerven* → *Das nervt mich voll an.*

- gemeinsame Motivation auffällig: jede dieser Erscheinungen trägt auf ihre Art und Weise zur Durchsetzung des klammernden Verfahrens in den verschiedenen Bereichen des deutschen Sprachsystems bei
→ <u>Fazit:</u> Ohne das klammernde Verfahren wirken sprachliche Entwicklungen grundlos und scheinen sich zu widersprechen. Das klammernde Verfahren bietet hier zum einen eine Erklärung, zum anderen aber auch einen wichtigen Ordnungsfaktor für die merkwürdig erscheinenden Eigenarten der deutschen Sprache an und lässt einen funktionellen Zusammenhang erkennen.

Literaturverzeichnis

Eisenberg, Peter (2006): Der Satz.Grundriss der deutschen Grammatik, Band 2. Stuttgart/ Weimar: Metzler, S. 410-420.

Ronneberger-Sibold, Elke (1994): Konservative Nominalflexion und "klammerndes Verfahren" im Deutschen. In: Köpcke, Klaus.Michael (Hg.): Funktionale Untersuchungen zur deutschen Nominal- und Verbalmorphologie.
Tübingen: Niemeyer, S. 115-130.

Zifonun et al (1997): Grammatik der deutschen Sprache, Band 2.
Berlin/ New York: de Gruyter, S. 2062-2072.